Michael Heinen-Anders

Die Sprengung von Nord Stream 1 & 2 – wer wars?

Herstellung und Verlag: BoD – Books on Demand, Norderstedt

ISBN: 9783756248681

Inhaltsverzeichnis

Die Sprengung von Nord-Stream 1 & 2 – Wer wars?

Nord Stream (russisch Северный поток), auch Ostsee-Pipeline, ist ein System von Unterwasser-Gasleitungen, die von Russland nach Deutschland verlaufen. Es besteht aus zwei Pipelines, Nord Stream 1 (auch Nord Stream, ehemals North European Gas Pipeline, NEGP) und Nord Stream 2, mit je zwei Strängen, die beide über Betreibergesellschaften letztlich vom russischen Staatskonzern Gazprom kontrolliert wurden. Nord Stream 1 wurde im November 2011 in Betrieb genommen und verläuft von Wyborg nach Lubmin bei Greifswald. Nord Stream 2 verläuft von Ust-Luga weitgehend parallel ebenfalls nach Lubmin und wurde im September 2021 fertiggestellt, das Genehmigungsverfahren jedoch angesichts der Vorbereitung des russischen Überfalls auf die Ukraine von Bundeskanzler Olaf Scholz im Februar 2022 gestoppt. Im Juli 2022 wurde der Gasfluss in Nord Stream 1 mit Hinweis auf Wartungsarbeiten unterbrochen, die Durchleitung danach mit gedrosselter Leistung wieder aufgenommen, Ende August aber vom russischen Betreiber vollständig eingestellt.

Ende September 2022 kam es zu Explosionen an den Nord-Stream-Pipelines, in deren Folge große Lecks in den Leitungen entstanden.

Hält die Bundesregierung Informationen zurück?

<<Hält die Bundesregierung wichtige Informationen zu den mutmaßlichen Anschlägen auf die Gaspipelines zurück – auch gegenüber dem Parlament? Die Bundestagsabgeordnete der Linken, Sahra Wagenknecht, hegt diesen Verdacht, nachdem sie zum Thema drei Anfragen an das Wirtschaftsministerium sowie das Außenministerium gestellt hat.

Am 26. September war es an den Strängen der Pipelines Nord Stream 1 und Nord Stream 2 zu mindestens zwei Explosionen gekommen. Dadurch entstanden Lecks, durch die Gas in die Ostsee entwich, an deren Grund die Pipelines liegen. Wer oder was die Explosionen verursacht hat, ist zumindest offiziell noch ungeklärt. Einig sind sich Nato-Staaten und Russland darin, dass sie dahinter einen Anschlag vermuten. Wer ihn ausgeführt hat, ist jedoch unklar. Die Bundesanwaltschaft in Karlsruhe ermittelt wegen eines „schweren gewalttätigen Sabotage-Angriffs auf die Energieversorgung".

Offenbar gibt es aber auch knapp drei Wochen nach den Explosionen noch keine näheren Erkenntnisse dazu, ja noch nicht einmal Untersuchungen vor Ort. Das teilte das Wirtschaftsministerium der Linke-Abgeordneten auf ihre schriftliche Anfrage mit. Wagenknecht hatte wissen wollen, welche Erkenntnisse die Bundesregierung zu diesen Vorfällen inzwischen hat und welche Maßnahmen sie „allein, mit EU, anderen Regierungen und der Nato" eingeleitet hat, um festzustellen, wer die Beschädigungen verantwortet. Die Antwort lautet: Keine. „Bisher ist es nicht möglich, Untersuchungen vor Ort anzustellen deshalb liegen der Bundesregierung auch keine belastbaren Informationen zu den möglichen Ursachen des Angriffs vor", schreibt das Ministerium in seiner Antwort, die der Berliner Zeitung vorliegt.

Ausweichend bis gar nicht antwortete das Habeck-Ministerium auf die Frage, welche Warnungen der Regierung über etwaige Anschläge auf die Pipelines vorlagen und welche etwaigen Maßnahmen ergriffen wurden. Dazu schreibt Wirtschaftsstaatssekretär Patrick Graichen, dass kritische Infrastrukturen wie die Nord-Stream-Pipelines grundsätzlich einer abstrakten Gefährdung unterlägen. Man könne mehrere Tausend Kilometer Leitungsstränge „nicht vollumfänglich" gegen jedes Risiko absichern. Mehr Infos gibt's für das Parlament nicht.

Die Bundesregierung sei „nach sorgfältiger Abwägung zu dem Schluss gekommen, dass weitere Auskünfte aus Gründen des Staatswohls nicht – auch nicht in eingestufter Form – erteilt werden können." Grund dafür sei die „Third-Party-Rule" für die internationale Zusammenarbeit der Geheimdienste. Danach unterliegt der internationale Erkenntnisaustausch besonders strengen Geheimhaltungsauflagen. „Die erbetenen Informationen berühren somit derart schutzbedürftige Geheimhaltungsinteressen, dass das Staatswohl gegenüber dem parlamentarischen Informationsrecht überwiegt und das Fragerecht der Abgeordneten ausnahmsweise gegenüber dem Geheimhaltungsinteresse der Bundesregierung zurückstehen muss." Im Klartext: Es gibt vermutlich Erkenntnisse, die die Bundestagsabgeordneten aber nicht erfahren dürfen.

Aus diesem Grund antwortet die Bundesregierung auch nicht auf die Frage Wagenknechts, „welche Nato-Schiffe und Truppenteile" sich seit dem Aussetzen der Gaslieferungen durch Nord Stream 1 in den Gegenden aufhielten, in denen die Beschädigungen auftraten, und welche russischen Schiffe und Truppenteile in jenem Zeitraum gesichtet wurden. Auch diese Antwort „würde die Preisgabe von

Informationen beinhalten, due das Staatswohl in besonderem Maße berühren", schreibt das Auswärtige Amt. Daher komme auch eine Einstufung und Hinterlegung der angefragten Informationen nicht infrage, „da auch nur die geringe Gefahr des Bekanntwerdens nicht hingenommen werden kann".

Wagenknecht übt scharfe Kritik an dieser Geheimhaltungspolitik. „De facto sagt uns die Bundesregierung, dass sie zwar etwas weiß, es aber ‚aus Gründen des Staatswohls' den Abgeordneten noch nicht einmal in der Geheimschutzstelle des Deutschen Bundestags zur Kenntnis geben kann", sagte sie der Berliner Zeitung am Sonntag. Man könne nun nur spekulieren, welche Erkenntnisse über die Urheberschaft der Anschläge das deutsche Staatswohl so existenziell betreffen könnten, dass man sie unbedingt geheim halten müsse. „Auf jeden Fall bedeutet dieser Umgang, dass jegliche Kontrolle und Kritik an der Bundesregierung durch die Opposition unmöglich gemacht wird.">> [1]

---

[1] https://www.msn.com/de-de/nachrichten/politik/sahrawagenknecht-regierung-verweigert-informationen-zu-pipelineanschl%C3%A4gen/ar-AA1312e9

Der Elefant im Raum

<<Nord Stream ist Geschichte. Ein Anschlag hat die Pipelines auf Jahre beschädigt. Damit ist ein strategisches Projekt zwischen Deutschland und Russland begraben. Doch wer war es? Wer verübte einen Anschlag auf die Versorgungssicherheit Deutschlands?

Der Hofnarr der Herrschaft, Jan Böhmermann, und manche Politiker, wie etwa Beate Meinl-Reisinger, waren sich schnell sicher: Der Russe war es. Wer sonst als der „Schurkenstaat" des Diktators Putin würde einen solchen Anschlag auf die kritische Infrastruktur Deutschlands wagen? Doch der Elefant im Raum mit dem Namen USA ist allerdings riesengroß.

USA und Anti-Nord Stream

Die Mittel für einen solchen Anschlag, dass an einem der drei beschädigten Röhre offenbar ein Leck von einem Kilometer hinterlassen hat, haben Klimaaktivisten nicht. Spezialeinheiten und hochwertiges militärisches Material werden benötigt. Die Frage lautet letztlich: Russland oder Amerika? Die

USA hätte im Gegensatz zu Russland, das seinen eigenen Besitz und seine stärkste „Verhandlungsmasse" in die Luft gesprengt hätte, ein klares Motiv. Selbst wenn sich der Konflikt zwischen Russland und der EU beruhigen sollte, ist die Union und vor allem Deutschland nun auf Jahre von US-amerikanischen Fracking Gas abhängig.

Radek Sikorski MEP
@radeksikorski

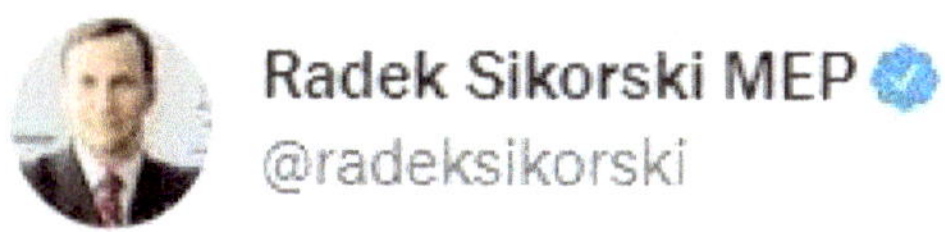

Thank you, USA.

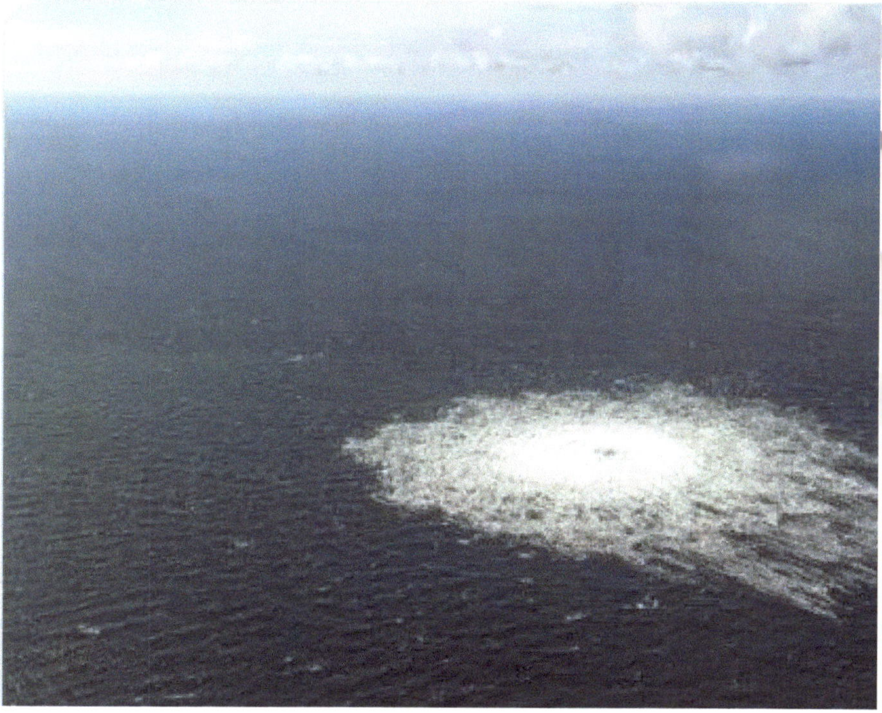

Der polnische Ex-Verteidigungsminister und aktuelle Vorsitzende der EU-USA-Delegation des Europaparlaments wollte offenbar die Anschuldigungen Richtung USA anheizen. Oder Radek Sikorski kann keine Geheimnisse für sich bewahren. Anders ist

der Tweet, den er Dienstag Abend abgesetzt hat,
nicht zu erklären. Er ergänzte, dass Nord Stream
keinen Zweck bis auf strategische Übermacht Russ-
lands gegenüber Osteuropa habt hätte.

Baltische Staaten hätten sich 20 Jahre gegen Nord
Stream gewehrt: „Jetzt liegen 20 Milliarden Dollar
Schrott auf dem Meeresgrund, ein weiterer Preis,
den Russland für seine kriminelle Entscheidung in
die Ukraine einzumarschieren, zahlen muss. Je-
mand, russisches Außenministerium, hat eine spe-
zielle Wartungsarbeit durchgeführt", so Sikorski, der
seine Freude nicht wirklich verheimlicht. Der ehemalige Außen- und Verteidigungsminister ist der
Ehemann von Anne Applebaum. Die NATO-
Propagandistin schreibt gerne Texte wie „Eine
NATO für das 21. Jahrhundert".>> [2]

Verdacht fällt auf die USA

<<Auch eine Woche nach der Sprengung der Ost-
see-Pipelines Nord Stream 1 und 2 fehlt von den

---

[2] https://tkp.at/2022/09/28/anschlag-auf-nord-stream-die-usa-der-elefant-im-raum/

Tätern jede Spur. Westliche Medien vermuten Russland selbst hinter der Sabotage. Doch ein Ex-Pentagon-Berater und ein Top-Ökonom vermuten unabhängig voneinander, dass die USA mithilfe von Verbündeten das Pipeline-Projekt sabotiert haben.

Nord-Stream-Sprengung: Verdacht fällt auf die USA

Am Dienstag vergangener Woche wurden erstmals Lecks an den Ostsee-Pipelines Nord Stream 1 und Nord Stream 2 ausfindig gemacht, durch die massenhaft Gas unkontrolliert ins Meer austrat. Ein technisches Versagen wurde von vielen Experten schnell ausgeschlossen. Stattdessen deutet alles auf einen Sabotageakt hin. Die Pipelines wurden gezielt gesprengt, doch wer hinter dem Anschlag steckt, ist weiter ungewiss.

Viele westliche Medien verdächtigen Russland, die eigenen Pipelines gesprengt zu haben, um sich aus den langfristigen Lieferverträgen aufgrund „höherer Gewalt" auflösen und dadurch drohende Schadenersatzzahlungen abwenden zu können. Denn Russland hat in den vergangenen Wochen die Lieferungen über Nord Stream 1 komplett eingestellt und dabei immer wieder technische Gründe vorgeschoben.

Der Kreml wies diese Anschuldigungen jedoch als
„absurd" von sich. Russland verdächtigte stattdessen die USA, für den Sabotageakt verantwortlich zu
sein, der in einer Zone verzeichnet wurde, der „von
den US-Geheimdiensten kontrolliert" werde. Die
USA, so die russische Logik, waren von Anfang an
gegen das Projekt Nord Stream 2, haben es noch
vor Inbetriebnahme durch Sanktionen zu torpedie-
ren versucht und würden auch am stärksten von
seiner Zerstörung profitieren. Die USA wiesen jede
Beteiligung an der Sabotage von Nord Stream jedoch von sich.

USA oder Großbritannien als mögliche Täter

Der US-Ökonom Jeffrey Sachs und der ehemalige
Pentagon-Berater Douglas Macgregor haben sich
nun unabhängig voneinander zu dem vermutlichen
Sabotage-Akt der Nord-Stream-Pipelines geäußert.
Beide kommen zu dem Schluss, dass die USA sehr
wahrscheinlich hinter dem Anschlag stecken – entweder direkt oder mithilfe von Verbündeten wie Polen oder Großbritannien.

Douglas Macgregor ist pensionierter Colonel der US Army. Er war Sonderberater des Verteidigungsministers unter dem damaligen US-Präsidenten Donald Trump und 2020 als US-Botschafter für Deutschland im Gespräch.

Macgregor äußerte sich während eines Auftritts im Podcast Judging Freedom zu den Vorfällen. Dort bezweifelte er eine Beteiligung des Kremls, da es für Russland keinen Nutzen habe, seine eigene Infrastruktur zu sabotieren. „Würden die Russen ihre eigene Pipeline zerstören? 40 Prozent des russischen Bruttosozialprodukts bestehen aus Devisen, die ins Land kommen, um Erdgas, Öl, Kohle und so weiter zu kaufen. Die Russen haben das also nicht getan. Die Vorstellung, dass sie es getan haben, ist meiner Meinung nach absurd", so Macgregor.

Auch eine Beteiligung Deutschlands am Sabotage-Akt hält Macgregor für „extrem unwahrscheinlich", da Deutschland auf Nord Stream für seine Energiesicherheit angewiesen sei. Unter Bezugnahme auf den berüchtigten (und inzwischen gelöschten) Tweet des polnischen Europaabgeordneten Radoslaw Sikorski, in dem er zu einem Foto der Gaslecks schrieb: „Danke, USA", merkte Macgregor an:

„Wer könnte noch beteiligt sein? Nun, die Polen scheinen davon sehr begeistert zu sein."

Macgregor wies darauf hin, dass zum Sprengen der Pipelines Sprengstoff in der Größenordnung von Hunderten Kilogramm TNT verwendet worden sein muss. „Man hat mehrere Zentimeter Beton um verschiedene Metalllegierungen herum, um das Erdgas zu transportieren, also ist es nicht etwas, das man einfach mit einer Granate am Ende einer Angelschnur zerstören könnte", so der Ex-Pentagon-Berater.

Für ihn kommen daher vor allem zwei Länder infrage: die USA und Großbritannien. „Wir müssen sehen, welche staatlichen Akteure die Möglichkeit hatten, dies zu tun. Und hier sprechen wir über die Royal Navy Großbritanniens und die US-Marine. Ich denke, das ist ziemlich offensichtlich".

US-Ökonom Sachs beschuldigt bei Live-Interview USA der Sabotage

Der US-Ökonom Jeffrey Sachs äußerte sich in einem Bloomberg-Interview zu dem Pipeline-Anschlag. Sachs ist amerikanischer Ökonom und

Professor an der Columbia University. Außerdem ist
er Top-Berater der Vereinten Nationen (UN) in Fra-
gen der globalen Nachhaltigkeitsziele (Sustainable
Developmental Goals, SDGs).

„Die wichtigste Tatsache ist, dass die europäische
Wirtschaft durch diese plötzliche Unterbrechung der
Energieversorgung stark unter Druck gerät. Und
jetzt, um es endgültig zu machen – die Zerstörung
der Nord-Stream-Pipeline, auf die ich wetten würde,
dass sie eine Aktion der USA war, vielleicht der
USA und Polens." Sachs fügte noch hinzu: „Das ist
Spekulation", bevor er mitten im Satz von Moderator
Tom Keene unterbrochen wurde, der ein wenig ver-
blüfft und frustriert über die vielleicht unerwartete
Wendung des Interviews wirkte.

„Äh, Jeff, wir müssen hier aufhören", warf Keene ein
und ließ Sachs ratlos zurück. Der Moderator fragte
dann: „Warum glauben Sie, dass dies eine US-
Aktion war? Welche Beweise haben Sie dafür?"
Sachs antwortete: „Nun, erstens gibt es direkte Ra-
darbeweise dafür, dass US-Militärhubschrauber, die
normalerweise in Danzig stationiert sind, über diesem Gebiet kreisten". Dann fügte er hinzu: „Wir hatten auch die Drohung der USA vom Anfang des
Jahres, dass wir Nord Stream so oder so beenden
werden."

Sachs spielt damit auf eine Aussage des US-Präsidenten Joe Biden bei einem Amtsbesuchs des deutschen Bundeskanzlers Anfang des Jahres an. Biden sagte vor versammelter Presse, wenn Russland in die Ukraine einmarschiert, werde es „kein Nord Stream 2 mehr geben". „Wir werden dem ein Ende setzen", so Biden wörtlich. Auf Nachfrage einer Journalistin, wie die USA dies denn genau anstellen wollten, da es sich ja um ein Projekt unter deutsche Kontrolle handele, sagte Biden: „Vertrauen Sie mir, wir werden in der Lage dazu sein".

US-Ökonom Sachs erinnerte dann im Bloomberg-Interview noch an eine bemerkenswerte Äußerung von US-Außenminister Anthony Blinken am vergangenen Freitag in einer Pressekonferenz, in der er sagte, das Ende der Nord-Stream-Pipelines sei auch eine „enorme Chance" für Europa bezeichnete, sich ein für alle Mal von russischer Energie unabhängig zu machen. Sachs betonte, dies sei eine äußerst merkwürdige Art, zu sprechen, wenn man sich Sorgen über Piraterie an kritischer Infrastruktur mache.

Sachs verteidigte darüber hinaus seinen Verdacht einer US-Beteiligung an der Nord-Stream-Sabotage damit, dass viele Beamte und Experten privat mit dem Finger auf Washington zeigen, dies aber nicht öffentlich äußern würden: „Ich weiß, dass dies unserem Narrativ zuwiderläuft – im Westen darf man so etwas nicht sagen. Aber Tatsache ist, dass überall auf der Welt, wenn ich mit Menschen spreche, sie glauben, dass die USA es getan haben."[3]

Der Sinn der NATO

<<Den Sinn der Nato hatte ihr erster Generalsekretär Ismay so beschrieben: „Um die Amerikaner drin zu halten, die Russen draußen und die Deutschen unten."[4]

---

[3] https://deutsche-wirtschafts-nachrichten.de/700559/Nord-Stream-Sprengung-Verdacht-faellt-auf-die-USA

[4] Die Nato und Russland – Flagge zeigen – Ein Kommentar von Berthold Kohler vom 16.4.2014 (faz-online)

Der Kampf um den russischen Kulturkeim

<<Der Kampf um den russischen Kulturkeim wurde von Rudolf Steiner wiederholt thematisiert. So auch in einem handschriftlichen Manskript, in dem es wie in vielen Vorträgen um die Aufhellung der wahren Hintergründe des Ersten Weltkriegs geht. Der undatierte und von Steiner selbst nicht veröffentlichte Text muss nach dem amerikanischen Kriegseintritt im April 1917 und vor dem Abschluß des Friedensvertrags von Brest-Litowsk im März 1918 entstanden sein, wahrscheinlich während der ersten Phase der Friedensverhandlungen vom Dezember 1917 bis Januar 1918 im Zusammenhang mit einer Besprechung in Dornach.[1] Das Manuskript wurde wohl erstmals von Thomas Meyer im "Europäer Jg. 3/ Nr. März 1999" veröffentlicht. Seit 2011 ist es auch in (Lit.:GA 173c, S. 264f) enthalten. Zitiert wird es auch im Weltkriegsbuch von Markus Osterrieder - aber nicht vollständig, wie Irene Diet bemängelt.[2]

„Was steht sich in diesem Kriege gegenüber und um was wird er geführt?

Tonangebend ist eine Gruppe von Menschen, welche die Erde beherrschen wollen mit dem Mittel der beweglichen kapitalistischen Wirtschaftsimpulse. Zu ihnen gehören alle diejenigen Menschenkreise, welche diese Gruppe imstande ist, durch Wirtschaftsmittel zu binden und zu organisieren. Das wesentliche ist, daß diese Gruppe weiß, in dem Bereich des russischen Territoriums liegt eine im Sinne der Zukunft unorganisierte Menschenansammlung, die den Keim einer sozialistischen Organisation in sich trägt. Diesen sozialistischen Keimimpuls unter den Machtbereich der antisozialen Gruppe zu bringen ist das wohlberechnete Ziel. Dieses Ziel kann nicht erreicht werden, wenn von Mitteleuropa mit Verständnis eine Vereinigung gesucht wird mit dem östlichen Keimimpuls. Nur weil jene Gruppe innerhalb der anglo-amerikanischen Welt zu finden ist, ist als untergeordnetes Moment die jetzige Mächte-Konstellation entstanden, welche alle wirklichen Gegensätze und Interessen verdeckt. Sie verdeckt vor allem die wahre Tatsache, daß um den russischen Kulturkeim zwischen den anglo-amerikanischen Pluto-Autokraten und dem mitteleuropäischen Volke gekämpft wird. In dem Augenblicke, in dem von Mittel-Europa diese Tatsache der

Welt enthüllt wird, wird eine unwahre Konstellation durch eine wahre ersetzt. Der Krieg wird deshalb so lange in irgendeiner Form dauern, bis Deutschtum und Slawentum sich zu dem gemeinsamen Ziele der Menschen-Befreiung vom Joche des Westens zusammengefunden haben.

Es gibt nur die Alternative: Entweder man entlarvt die Lüge, mit der der Westen arbeiten muß, wenn er reüssieren will, man sagt: die Macher der anglo-amerikanischen Sache sind die Träger einer Strömung, die ihre Wurzeln in den Impulsen hat, die vor der französischen Revolution liegen und in der Realisierung einer Welt-Herrschaft mit Kapitalistenmitteln besteht, die sich nur der Revolutions-Impulse als Phrase bedient, um sich dahinter zu verstecken; oder man tritt an eine okkulte Gruppe innerhalb der anglo-amerikanischen Welt die Welt-Herrschaft ab, bis aus dem geknechteten deutsch-slawischen Gebiet durch zukünftige Ströme von Blut das wahre geistige Ziel der Erde gerettet wird." (Lit.:GA 173c, S. 264f)

In einer Ansprache, die Rudolf Steiner am 5.Juni 1913 in Helsinki vor russischen Anthroposophen gehalten hat, heißt es:

„Ihr seid in einer eigentümlichen Lage, meine lieben
Freunde. Ihr seid gewissermaßen in der gegenteili-
gen Lage von einem Volke, das in einer gewissen
Beziehung zu einem kurzen Glanze auch aufstei-
gender Art die Erde bevölkert. Ihr seid in einer ge-
genteiligen Lage wie das nordamerikanische Volk.
Bedenkt, meine lieben Freunde, daß dieses nordamerikanische Volk, das Euer Gegenpol ist, von der
Zeit ab begonnen hat, vom Westen allmählich gegen den Osten vorzurücken, in der in Europa das
Zeitalter des Materialismus begonnen hat, und ihn
weiter ausgebaut hat. Bedenkt, daß in den Wurzeln
des Amerikanertums der Materialismus waltet. Bedenkt einmal, daß diejenigen Menschen, die Amerika kultiviert haben, dies getan haben mit den Vor-
stellungen des kultivierten Europäers vor Jahrhun-
derten, die so wenig weit hinter uns liegen. Was
haben denn diese Menschen gemacht? Diese Menschen haben mit den materialistischen Vorstellun-
gen der modernen Parlamente, mit den Vorstellun-
gen der modernen Naturwissenschaft, der modernen Gesellschaftsordnung dasjenige getan, was
sonst die ungebildeten Menschen machen, wenn
sie Urwälder ausroden, Stück für Stück Ackerboden
erobern, Land bereiten der Kultur. Das ist alles aus
Materialismus entsprungen. Und wenn man heute
betrachtet den als ihren bedeutendsten Schriftsteller

Anerkannten, den ja auch die Amerikaner durch
Wahl zu ihrem Leiter bestimmt haben, Woodrow
Wilson, der für die heutigen Verhältnisse wirklich ein
bedeutender Schriftsteller ist, der Glänzendes an
schriftstellerischen Leistungen für die soziale An-
schauung geleistet hat, wenn man ihn anschaut,
seine Begriffe und Ideen, alles, was er repräsentiert
als Vertreter des amerikanischen Volkes, was ist
es? Ein Kartenhaus. Ein Kartenhaus, von einem
einzigen Hauch, wenn er einmal gehaucht würde
aus den spirituellen Welten heraus, vernichtet.
Dann würde diese ganze Kultur Umfallen. Jede Ein-
zelheit, aus der die amerikanische Kultur stammt,
kann man nachweisen aus äußeren Geschichtsbü-
chern, aus der Kulturgeschichte der vorigen Jahr-
hunderte. Alles liegt offen da, alles ist Menschen-
werk, woraus das entsprungen ist.

Fragt nach, woher Euer Volkstum kommt, woher
Euer Geistesleben stammt, fragt nach, woher das
Beste kommt, was Ihr in Euren Seelen hegen könnt.
Ihr werdet es auf der Erde nicht finden! Das ist nicht
in dieser Weise zu finden, das wurzelt in der geisti-
gen Welt selber. Das ist Organismus, Lebewesen,
das ist kein Kartenhaus! Solche Dinge dürfen wir
niemals zur Veranlassung nehmen unseres Hoch-
mutes, sondern zur Veranlassung unserer Demut,
unserer Bescheidenheit, weil wir aus ihm nicht ho-

len sollen ein waghalsiges Selbstbewußtsein, sondern Verantwortlichkeitsgefühl." (Lit.:GA 158, S.
216f)

Das nachstehende Zitat wurde von Hans Bonneval
übermittelt. Nach Angaben der Nachlassverwaltung
(siehe unten) ist die Aussage "in dieser Form ...
nicht authentisch".

"Die Ukraine ist der angelsächsische Kampfplatz
um den russischen Kulturkeim. Die Ukraine ist nicht
mehr und nicht weniger als der aktuelle Schauplatz
des seit 1914 anhaltenden Kampfes gegen Mitteleuropa" (Rudolf Steiner, Notizbucheintragung 1918)

Die Nachlassverwaltung äußerte sich am 21.3.2022
mit einer Stellungnahme zu dieser Aussage (Zu-
sammenfassung):

"Aufgrund unserer Recherchen im Werk und Nach-
lass Rudolf Steiners betrachten wir es als geklärt,
dass mit der oben wiedergegebenen fraglichen
Aussage Rudolf Steiner weder wörtlich noch sinn-
gemäss zitiert wird. Die Aussage ist in dieser Form
also nicht authentisch." Dr. David Marc Hoffmann,
Leiter Rudolf Steiner Archiv, für das Recherche-

und Herausgeberteam des Rudolf Steiner Archivs: Zu einer angeblichen ‹Aussage› Rudolf Steiners zur Ukraine. 21. März 2022 (https://www.rudolf-steiner.com/wp-content/uploads/2022/03/Zu-einer-angeblichen-%E2%80%B9Aussage%E2%80%BA-Steiners-zur-Ukraine.pdf, abgerufen am 11. April 2022).

Nach Aussage von Rüdiger Keuler (März 2022) handelt es sich bei diesem Zitat jedoch um eine mündliche Aussage Rudolf Steiners, die dieser gegenüber einem Anthroposophen im Jahre 1918 getätigt haben soll.>> [5]

Die besten Feinde, die Mitteleuropa jemals hatte

Es ergibt sich also zweifelsfrei, dass die US-Amerikaner zu den Beteiligten der Sprengung von Nord-Stream 1 & 2 zählen. Also offiziell Bündnispartner Deutschlands. Die besten und nachhaltigsten Feinde, die Mitteleuropa je hatte. [6]

---

[5] https://anthrowiki.at/Kampf_um_den_russischen_Kulturkeim

[6] Vgl. https://fb.watch/f_59RqdZNR/

Literatur:

Andreas Bracher (Hg.): Kampf um den russischen Kulturkeim. Die tieferen Hintergründe des Ersten Weltkriegs, Perseus Vlg., Basel 2014, ISBN 978-3-907564-53-0

Markus Osterrieder: Welt im Umbruch. Nationalitätenfrage, Ordnungspläne und Rudolf Steiners Haltung im Ersten Weltkrieg. Verlag Freies Geistesleben, Stuttgart 2014, ISBN 978-3772526008

Rudolf Steiner: Der Zusammenhang des Menschen mit der elementarischen Welt, GA 158 (1993), ISBN 3-7274-1580-0 pdf pdf(2) html mobi epub archive.org English: rsarchive.org

Rudolf Steiner: Zeitgeschichtliche Betrachtungen. Bd. I: Wege zu einer objektiven Urteilsbildung, Bd. II: Das Karma der Unwahrhaftigkeit, Bd. III: Die Wirklichkeit okkulter Impulse, GA 173a-c, 2. Aufl. 2014 (2010), gebunden, ISBN 978-3-7274-1732-0 ; Sonderausgabe 2011, 3 Bände im Schuber, kartoniert, ISBN 978-3-7274-5715-9; Inhaltsangaben: 173a 173b 173c

Rüdiger Keuler: Ukraine. In: Pelagius-Heft LXXI (Johanni 2022), S. 15 - 19 (hier: S. 18f)

Autobiographische Notiz:

Michael Heinen-Anders wurde am 25.02.1960 in Köln geboren. Er studierte an der Bergischen Universität Wuppertal Wirtschafts- und Sozialwissenschaften.
1989 schloss er das Studium als Diplom-Ökonom ab.
Michael Heinen-Anders trat 1994 der Anthroposophischen Gesellschaft, Zweig Köln, bei. Seit 2012 ist er gleichfalls Mitglied der Freien Hochschule für Geisteswissenschaft.
Er veröffentlichte zahlreiche literarische, essayistische und wissenschaftliche Schriften, darunter „Aus anthroposophischen Zusammenhängen", BoD, Norderstedt 2010 und „Aus anthroposophischen Zusammenhängen Band II", BoD, Norderstedt 2018.
Michael Heinen-Anders lebt in Köln, ist geschieden und hat zwei erwachsene Töchter.